W0041610

Usch Luhn

Feengeschichten

Mit Bildern von Elke Broska

Ravensburger

Bibliografische Information der Deutschen Nationalbibliothek:

Die Deutsche Nationalbibliothek verzeichnet diese
Publikation in der Deutschen Nationalbibliografie.
Detaillierte bibliografische Daten sind im Internet
über http://dnb.d-nb.de abrufbar.

1 3 5 4 2

Ravensburger Leserabe
© 2022 Ravensburger Verlag GmbH
Postfach 2460, 88194 Ravensburg
Umschlagbild: Elke Broska
Fachberatung: Dr. Birgitta Reddig-Korn
Textredaktion: Nina Schiefelbein
Produktion & Satz: Weiß-Freiburg GmbH –
Graphik und Buchgestaltung
Printed in Germany
ISBN 978-3-473-46204-9

ravensburger.com
www.leserabe.de

Inhalt

Ein Kobold in Not

Am  sitzt die Fee Flora .

Sie hat zwei lange 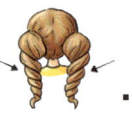.

Ihre beste  ist die Fee Isi .

Deren sind kurz und lockig.

Das  von  ist gelb.

 mag ihre neue grüne .

 und  wohnen mit anderen

auf einer  am  .

Die  ist voller  .

Die großen  schützen den  .

 und  wollen auch helfen.

Aber die anderen  sagen:

„Ihr seid noch zu klein."

Blöd!

 und  spielen auf der .

Dort sind so bunte !

 läuft ihnen hinterher.

 versteckt sich hinter einer .

„Such mich doch!", ruft sie und kichert.

„Ich bin durstig", ruft .

Sie schlürfen  aus einer .

Plötzlich heben beide den  .

Sie hören jemanden laut rufen.

„Helft mir. Bitte, helft mir."

 schaut sich suchend um.

„Wo bist du?", ruft sie.

„Hier, bei dem dicken 🌳 . Schnell."

Die beiden 👭 sausen los.

Da ist ja Kobold Jo  !

Er klemmt mit seinem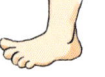

unter einer  fest.

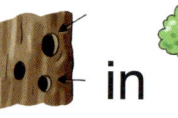 sind frech.

Sie bohren  in  .

Aber  tut  leid.

„Wie ist das passiert?", fragt sie.

„Ich wollte mir eine schöne  bauen",

erzählt .

„Das macht doch den  kaputt,"

sagt  streng.

„Helft ihr mir trotzdem?", bettelt er.

„Bitte!"

Die kleinen  zerren an seinem 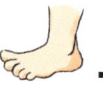 .

Ein klopft oben gegen den  .

Will er sie anfeuern?

Leider sind  und 

nicht stark genug.

„Ihr tut mir weh", jammert  .

„Du bist selbst schuld", sagt  .

Aber sie guckt mitfühlend.

„Ihr seid doch ", wundert sich .

„Warum nehmt ihr nicht euren

und zaubert mich frei?"

 lächelt verlegen.

„Wir kommen erst noch in die ."

Aber  zwinkert  zu.

„Ich habe die großen  belauscht.

Vielleicht kann ich dir doch helfen."

 sucht nach einem 🌿 .

„Mein 🪄 ", sagt sie und grinst.

Sie berührt den 🦶 damit,

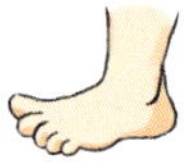

kneift ihre 👀 zu

und murmelt leise vor sich hin.

Nichts passiert.

14

„Klappt nicht", sagt  enttäuscht.

Zwei  hoppeln neugierig herbei.

Sie rümpfen ihre .

„Gib mal den  her", sagt .

Sie nimmt  den  aus der .

 stellt sich auf ein  .

Sie tippt mit dem  auf die

und wackelt mit ihrer wie die  .

„  verschwind wie der  “,

ruft sie laut und pustet heftig.

Wie eine  ringelt sich

die  davon.

„Juhu!", schreit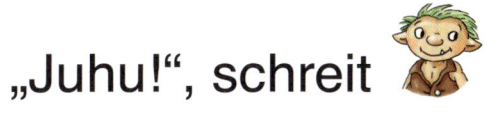

und springt herum wie ein   .

„Ihr seid tolle  ."

Er nimmt  und  an die  ,

und sie toben über die  .

Sogar die  hüpfen mit.

Im Spinnennetz

 und  spielen unten am .

Die   strahlt am  .

Das  im  glitzert,

die   schwimmen munter darin herum.

Die kleinen  flechten 🌸

aus bunten  .

👧 setzt 🧚 den 🌸

auf die  🌰 und sagt:

„Du bist so hübsch wie eine 👸."

Sie betrachten ihr  im

und schneiden lustige  .

Floras  hängt schief.

Sie lachen sich kaputt

und bespritzen einander mit  .

 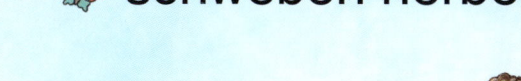 schweben herbei.

Sie setzen sich bei  auf den  .

Einer landet bei  auf der  .

Es kommen immer mehr  .

Sie flattern aufgeregt herum.

„Was ist denn los?", fragt  .

Die 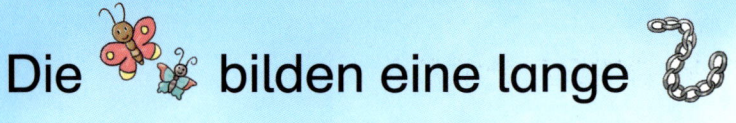 bilden eine lange

und fliegen weg.

„Sie wollen uns was zeigen", glaubt   .

Schnell springt sie auf

und verfolgt die   .

 läuft neugierig hinterher.

Die 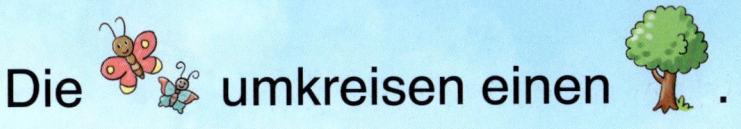 umkreisen einen 🌳.

„Schau mal in die 🌳 + 👑", ruft 👧.

„Da ist ein 🕸️."

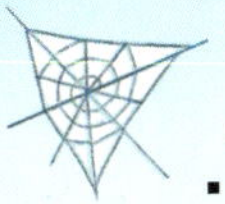

Oje! Isi schlägt die ✋ vor den 👄.

Ein 🦋 ist im 🕸️ gefangen.

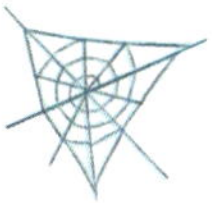

Seine 🦋 flattern hilflos.

Eine dicke  sitzt auf einem

und bewacht ihr  .

 kullern  aus den  .

„Der arme  !", schluchzt sie.

„Wir müssen ihn retten."

 umarmt ihre  und tröstet sie.

 versucht, auf den   zu klettern.

Aber der  ist zu glatt.

„Versuche du es", sagt sie zu   .

Auch  schafft es nicht.

Auch sie rutscht immer wieder ab

und landet schließlich

unsanft auf ihrem 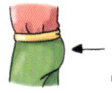 .

Autsch!

Was sollen die kleinen  tun?

„Könnte ich nur schon fliegen",

seufzt  .

Da fällt  etwas ein.

Sie trocknet eilig ihre

und sucht eine große .

Dann pfeift sie durch gespitzte

und zaubert  herbei.

Das hat sie bei den großen  gesehen.

Der  pustet

den  auf die kleinen .

Ob es klappt? Ja!

Geschickt fliegt  in die

und flattert über das  .

Jetzt ist sie ganz nah bei der .

 zittert wie eine im .

„Nicht die  angucken",

ruft   ihr von unten zu.

Der   bewegt sich schwach.

„Ich rette dich", ruft   .

Sie befreit den

aus dem gefährlichen 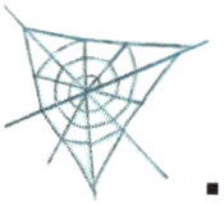  .

„Bravo, !", jubelt .

Sie klatscht begeistert in die

und wirft ihren hoch.

Der  schüttelt

seine  aus und flattert fröhlich

mit zu  zurück.

Die  guckt mürrisch hinterher.

Das Tanzfest

Heute wollen die  feiern.

Dafür schmücken sie den

und die  festlich.

Sie hängen  auf und

binden bunte  und

in die .

30

Viele fleißige  helfen mit.

Besonders freuen sich die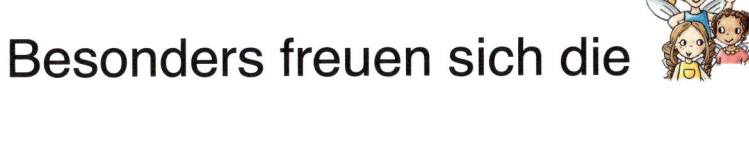

darauf, zu tanzen.

Die  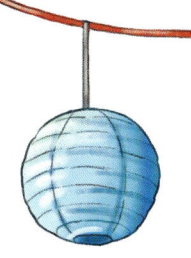 musizieren dazu.

Sie stimmen schon ihre  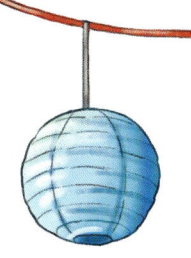,

und die  zwitschern sich warm.

31

Auch die  sind eingeladen.

Die neugierigen sind schon da.

Ein kleiner wagt sich vorsichtig

auf die vor.

Zwei gurren aufgeregt.

Die wacht gerade erst auf

auf ihrem .

Nur  und  sollen ins  .

Wieder einmal heißt es:

„Ihr seid zu klein!"

„Das ist so gemein!", schimpft  .

„Wir haben doch befreit

und einen gerettet."

Gerade als der   aufgeht,

huschen sie zur  .

„Hallo! Wo wollt ihr denn hin?"

Wer hat da nach den kleinen   gerufen?

 guckt neugierig aus seiner .

„Wir dürfen nicht mitfeiern",

erzählen   und  .

 zeigt zu einem breiten

nicht weit weg in einem  .

„Von da könnt ihr alles sehen", sagt er.

 und  suchen wieder nach  ,

bestäuben ihre

und fliegen hinauf.

Unter dem  steht

ein schön gedeckter .

Es gibt süßen  aus

und eine große  mit .

Lecker!

 und  läuft das

im  zusammen.

Die großen  lassen es sich schmecken.

Sie lachen und schwatzen fröhlich.

Die 🦗 fiedeln auf ihren 🎻,

und die 🦌 tanzen mit den 🐇.

 und  wiegen sich zur  .

Plötzlich taucht ein  auf.

„Hey, das ist mein  ."

Es wirft wütend  nach den beiden.

 und  fangen an zu schreien

und reißen die  hoch.

Das war nicht so schlau –

sie fallen vom

und plumpsen kopfüber in die  .

Begeistert naschen sie von den  .

„Unverschämt. Ab ins  !",

schimpfen die großen  .

Die  wackeln aufgeregt

mit ihren langen  .

 stibitzt sich schnell

ein dickes  von der  ,

bevor er sich davonmacht.

40

Und  und ?

Die reiben sich fröhlich ihre  .

„Das war so lecker! Gute  !"

Dann verschwinden sie ins  .

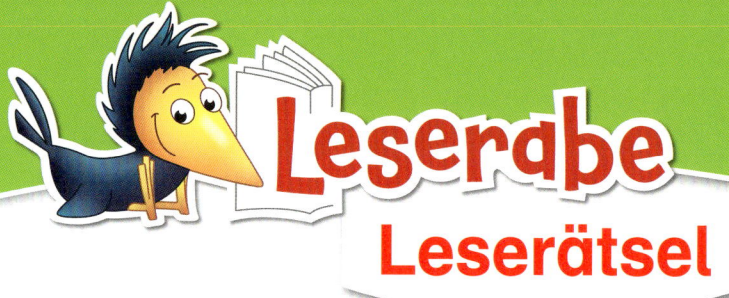

Rätsel 1 **Folge den Buchstaben!**

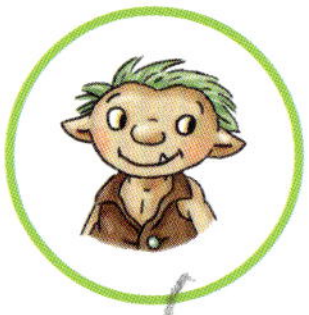

Wohin will Jo? Folge den Steinen mit E.

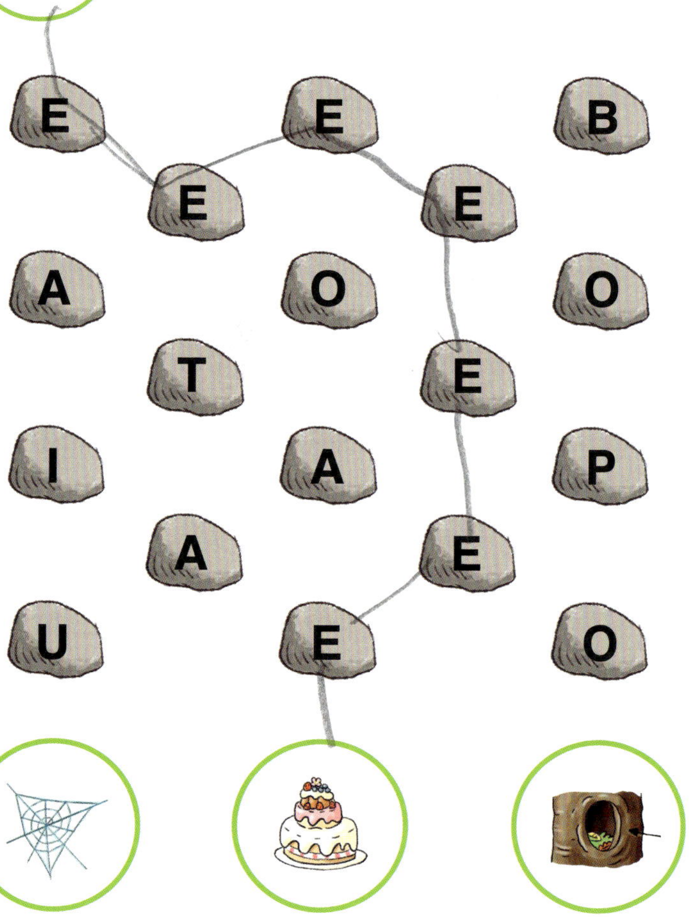

E   E   B

E   E

A   O   O

T   E

I   A   P

A   E

U   E   O

42

Bilderpuzzle

Hoppla, hier sind einige Bildausschnitte durcheinandergeraten. Welche beiden Ausschnitte passen nicht ins Bild?

1   **2**   **3**   **4**   **5**

Lösungen
Rätsel 1: Torte, Rätsel 2: 1, 5

43

Finde den Fehler!

Findest du die drei Unterschiede?

Was passt hier nicht dazu?

In jeder Reihe passt ein Bild nicht zu den anderen.
Welches?

Lösungen
Rätsel 3: Girlande, Hose, Kirsche, **Rätsel 4:** Schlange, Hose, Mond

Rätsel 5

Rätsel für die Rabenpost

Was gibt es zu trinken?
Du findest es heraus, wenn du die Bilder
durch Anfangsbuchstaben ersetzt.
Lass dir dabei von deinen Eltern helfen.

Lösungswort

SAFT

Hast du das Lösungswort herausgefunden?
Dann kannst du jetzt tolle Preise gewinnen.

Gib das Lösungswort auf der -Website
ein oder schick es mit der
Post an folgende Adresse:

An den Leseraben
Rabenpost
Postfach 2007
88190 Ravensburg
Deutschland

Lösungswort

An
den LESERABEN
RABENPOST
Postfach 2007
88190 Ravensburg
Deutschland

**Bitte frage
deine Eltern!***

* Wir verwenden die Daten der Einsender nur für das Gewinnspiel und nicht für weitere Zwecke.
Alle weiteren Informationen zum Datenschutz und über unser Gewinnspiel findet ihr unter **www.leserabe.de.**

Leserabe

Lesen lernen wie im Flug!

In drei Stufen vom Lesestarter zum Leseprofi

Vor-Lesestufe
Ab Vorschule

ISBN 978-3-473-46022-9   ISBN 978-3-473-46023-6   ISBN 978-3-473-46024

1. Lesestufe
Ab 1. Klasse

ISBN 978-3-473-46025-0   ISBN 978-3-473-46026-7   ISBN 978-3-473-46027

2. Lesestufe
Ab 2. Klasse

ISBN 978-3-473-46028-1   ISBN 978-3-473-46029-8   ISBN 978-3-473-46066

ERZ 21 001

Wald	Schmetterlinge
Fee Flora	Sonnenblume
Zöpfe	Nektar
Freundin	Blüte
Fee Isi	Kopf
Haare	Baum
Kleid	Freundinnen
Hose	Kobold Jo
Feen	Fuß
Wiese	Wurzel
Blumen	Kobolde

 Geigen

 Beeren

 Vögel

 Rehe

 Waldtiere

 Musik

 Fuchs

 Eichhörnchen

 Tauben

 Nüsse

 Eule

 Ohren

 Bett

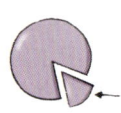 Stück

 Mond

 Bäuche

 Tisch

 Nacht

 Saft

 Kirschen

 Torte

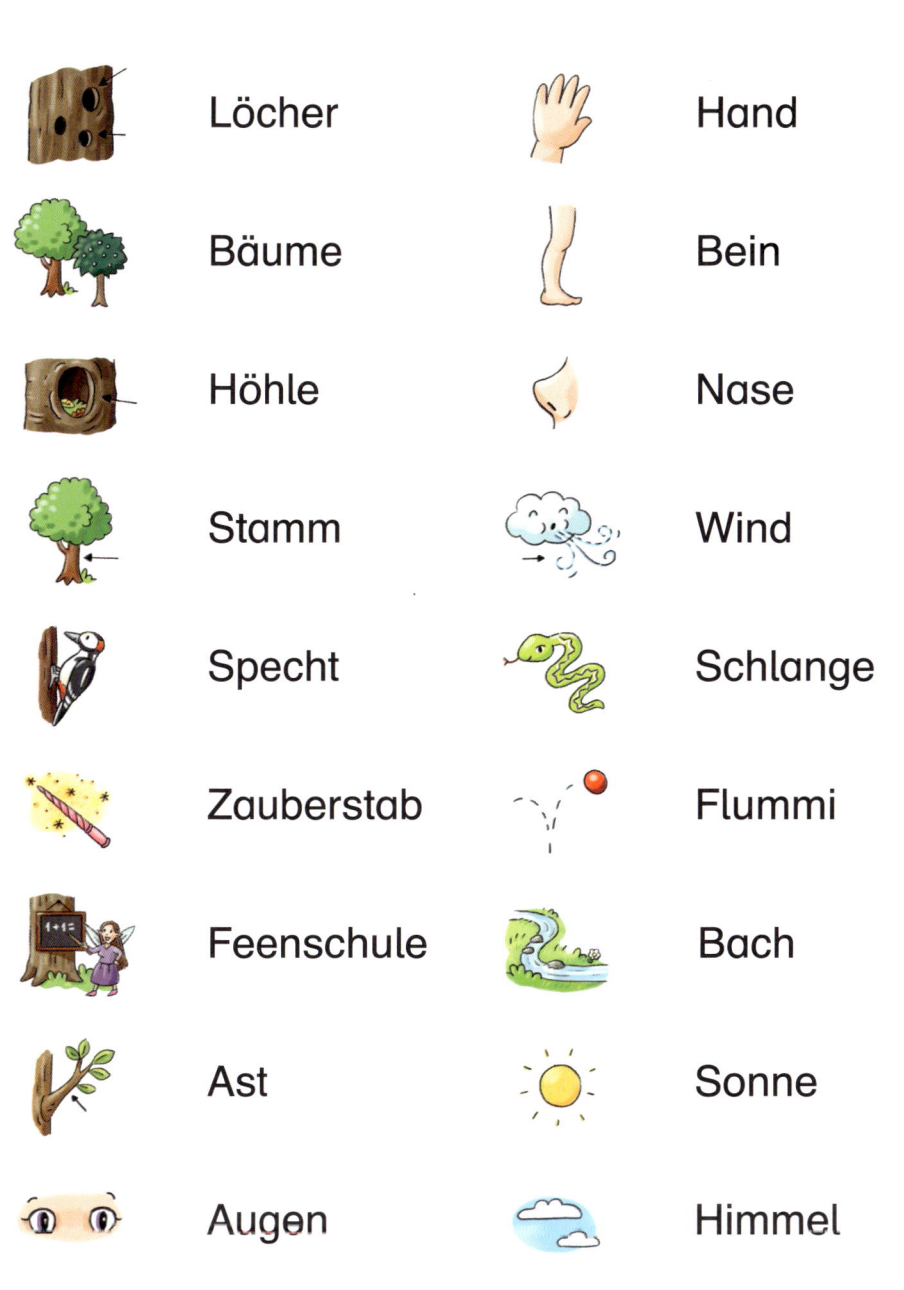

	Löcher		Hand
	Bäume		Bein
	Höhle		Nase
	Stamm		Wind
	Specht		Schlange
	Zauberstab		Flummi
	Feenschule		Bach
	Ast		Sonne
	Augen		Himmel
	Hasen		Wasser
	Nasen		Fische

Kränze		Spinne
Kranz		Blatt
Locken		Tränen
Prinzessin		Po
Spiegelbild		Lippen
Gesichter		Blütenstaub
Kette		Blume
Baumkrone		Hände
Spinnennetz		Girlanden
Mund		Lampions
Schmetterling		Schleifen
Flügel		Grillen

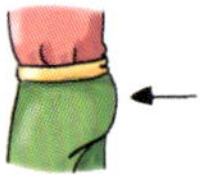

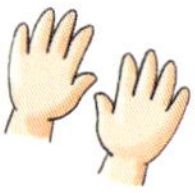

Auf geht's ins Lese-Abenteuer!